Poesias de Lauro Trevisan
para uma vida melhor

Poesias de LAURO TREVISAN
Para Uma Vida Melhor
Copyright by Lauro Trevisan
Lançamento: abril 2007
Capa: Art/Meio Propaganda
Direitos reservados, mas pode transcrever e declamar à vontade, desde que cite o autor.

Pedidos: Editora e Distribuidora da Mente
Rua Tuiuti, 1677 – Caixa Postal 559
97015-663 Santa Maria – Rs – Brasil
Fone (0xx)55.3223.0202
Fax (0xx) 55. 32217184
E-mail: mente@laurotrevisan.com.br
Site do autor: laurotr@uol.com.br
Rádio Lauro Trevisan: www.radiolaurotrevisan.com.br

Primeira Parte
Poesias inéditas

****

Segunda Parte
O Poder da Inspiração

****

Terceira Parte
Pílulas de bem-viver
em versos

DE PROSA SÓ ISSO

*P*ara mim, poesia é arte, pintura e música. Arte, porque tem o condão de despertar emoções; pintura, porque desenha paisagens transcendentes aos olhos do coração; música, porque modula em compassos melodiosos, formados pela métrica e pela rima. Minhas poesias pretendem ser assim.

Penso, ainda, que o bom senso me avisa que minhas poesias devam ser claras, naturalmente inteligíveis, agradáveis aos olhos, aos ouvidos, ao coração, e benfazejas à vida, bordando-a de céu azul, ao invés de desabar borrascas nos corações já fragilizados por tantas amarguras existenciais.

No outro dia, um poeta citava, na televisão, Mário Quintana, que teria escrito: "Quando alguém pergunta ao autor o que ele queria dizer, um dos dois é burro". Não sei se é verdade, mas não deixa de ser uma colocação significativa e pitoresca.

Desejo ardentemente que, desde agora, meu coração fique conversando com o seu, num idílio de paz, de amor, de alegria e de felicidade.

PRIMEIRA PARTE

Poesias inéditas

FAZ SOL NO CORAÇÃO

Manhã chuvosa, inclemente,
Nuvens negras, solidão,
Mesmo assim estou contente,
Faz sol no meu coração.

Ventos uivantes zumbindo
No escuro da imensidão.
Eu alegre aqui sorrindo,
Faz sol no meu coração.

Faíscam raios em brasa
Retalhando a vastidão
Enquanto o mundo se arrasa
Faz sol no meu coração.

Medo, pavor, vela acesa,
Santos de proteção,
Para mim a natureza
Faz sol no meu coração.

Enquanto a noite das almas
É noite de depressão
As minhas noites são calmas,
Faz sol no meu coração.

Dizem que a vida é severa
Sem rumo, sem solução.
Para mim é primavera,
Faz sol no meu coração.

Diz certa filosofia
Que a vida é mera ilusão,
Eu digo com alegria:
Faz sol no meu coração.

Quando você descobrir
O segredo da questão
Você também vai sentir
O sol no seu coração.

O segredo desta vida
Posso dizer de antemão:
Mesmo em noite sofrida
Há sol no seu coração.

Busque dentro, não lá fora,
A auto-realização
E brilhará como aurora
O sol no seu coração.

Não há desgraça ou tormenta,
Desespero ou solidão,
Quando a pessoa se aquenta
No sol do seu coração!

Seja tarde ou seja cedo,
Basta determinação
Para a aplicar o segredo
Do sol no seu coração.

O CIENTISTA

- Olá Deus, se ainda existes,
Eu sou um grande cientista
E portanto tendo em vista
Tudo que já descobri
- Células-tronco, clonagem –
Posso dizer com coragem:
- Não preciso mais de ti!

Tu podes aposentar-te
Tirar férias, ir embora,
Que nós, cientistas, agora,
Com nossa ciência avançada
Por todos reconhecida
Já podemos criar vida
Tirando tudo do nada.

- É mesmo? – quis saber Deus
Alegremente surpreso
Ao ver o cientista obeso
De tanta sabedoria.
- Que bom que saiba fazer
Com perfeição e poder
Tudo aquilo que eu fazia!

- Sei até fazer de barro,
Dando vida do meu jeito
Um ser humano perfeito
Melhor do que tu fizeste!
Eu crio ele do nada
E deixo a obra acabada
Sem nenhum risco de peste!

- Então faça! – disse Deus –
Faça logo, para eu ver,
Do seu barro um novo ser
Humano à sua imagem!
O cientista, em gesto brando,
Pegou barro e foi moldando
Um homem de boa linhagem.

- Pára aí – exclamou Deus,
Sorrindo para o cientista!
- Eu não quero que desista
Mas isso aí é esparro.
Você pode ser ateu
Mas esse barro é meu,
Vai criar seu próprio barro!

O CANTO DO SABIÁ

Era um belo amanhecer
A aurora rompendo o dia
Na hora em que o sol fulgia
Nos contornos do cerrito
Pondo luzes de ventura
Como uma viva pintura
De algum artista infinito.

Levantei muito disposto
E agradeci ajoelhado
O dia que me foi dado
Fazendo o sinal da cruz.
Então abri a janela
Deixando o sol entrar nela
Como uma bênção de luz.

Eis que um sabiá-laranjeira
Pousou na minha janela
Como anjo de capela
Que Deus do Céu me mandou.
Sem sequer se preocupar
Cantou seu lindo cantar
Bateu asas e voou.

Eu sei que Deus sempre atende
Toda e qualquer oração
Feita de bom coração
Pelo que a vida oferece,
Mas dessa vez com certeza
Quis que a própria natureza
Respondesse à minha prece.

O MILIONÁRIO

Incrustado na montanha,
Emoldurando a paisagem,
Um palácio era imagem
De grandeza solitária.
As brumas densas da aurora
Cobriam a mansão que outrora
Fora a glória milionária.
***
Nas paredes do castelo
Quadros ricos e famosos
Lá jaziam silenciosos
Sem resquícios de grandeza...
Estátuas em ouro e prata,
Ontem troféus do magnata,
Hoje esquecidos na mesa.
***

No belo hall da mansão
Apenas luzes furtivas,
Restos de noites festivas,
Deitando sua claridade...
Vez por vez se ouviam passos
Quebrando a dor dos espaços
E o despertar da saudade.
***

Enquanto o sol ensaiava
Seus prematuros lampejos
Radiantes e benfazejos,
A rotina do palácio
Voltava a se repetir
Sem vislumbre de porvir
Como um eterno prefácio.
***

Na parte nobre da casa
Entre esplendores doirados,
Tapetes e cortinados,
A suíte do magnata,
Um homem todo alquebrado,
Doente desenganado,
A morte marcando data.
***

No saguão, muito felizes,
Os filhos das empregadas
Dando gostosas risadas
Que ecoavam na mansão
Chegando até o doente
Como divino presente
Ao seu triste coração.
***
A esposa entrou na suíte
Com o rapaz do expediente,
Deu um beijo no doente
Que, lembrando o seu dever,
Pegou papéis e dinheiro,
Entregou ao mensageiro
Explicando o que fazer.
***
Depois de ouvir o recado
O jovem fez um sorriso
Bem-educado, conciso,
Conferiu o itinerário
E desceu com alegria,
Aos pulos, a escadaria,
Sob o olhar do milionário.
***

O homem chamou a esposa,
Deu-lhe um beijo enternecido
E lhe disse ao pé do ouvido:
- Por tudo que agora sei,
Daria a mansão em paz
Pelos pulos do rapaz
E as risadas que escutei!
***

FAÇA SUA VIDA DAR CERTO

1   - Nuvens negras, tudo errado,
    Mágoa solta, vida torta,
    Não sei nada, nada importa,
    Vida crua, só deserto...
    - Tudo bem, não fique triste,
    Seu espaço ainda existe,
    Faça sua vida dar certo!

2   Tantas lágrimas caídas
    De um rosto tão machucado
    Não é destino traçado
    Por um Deus alheio e incerto.
    Abra os olhos, mire além,
    Abençoe tudo que tem,
    Faça sua vida dar certo.

3   Não há desgraça invencível
Nem floresta sem saída.
Sempre resta nesta vida
Um caminho todo aberto...
Acredite, siga em frente,
Ponha luz na sua mente,
Faça sua vida dar certo.

4   Mesmo que rondem tormentas
No mar revolto da alma,
O coração pede calma,
Que o porto fica tão perto...
Seja um bravo timoneiro
Tenha o porte do guerreiro,
Faça sua vida dar certo.

5   Rompa a proa do casulo,
Rebente a casca do ovo,
Inaugure um mundo novo,
Viva o ideal já descoberto...
Cada instante é um presente
Que Deus lhe dá novamente.
Faça sua vida dar certo.

6   Vida bela, céu azul,
     Esplendor da natureza,
     Lagos, praias, que beleza,
     Passarada, mundo esperto!
     Tudo é festa, tudo amor,
     Tudo canta em cada flor:
     "Faça sua vida dar certo".

7   Com a força do entusiasmo
     E a bandeira da esperança,
     Com a fé que sempre avança
     Mesmo com céu encoberto
     Pelas nuvens da pobreza,
     Fica a perene certeza
     Que sua vida dará certo!

QUE AVE É VOCÊ?

Será você andorinha,
Ave azul de arribação,
Que deixa o próprio torrão
E se arrisca decidida
Por terras, ilhas e mares
Em busca de outros ares
Para fazer nova vida?

Ou então será gaivota,
Essa esbelta e branca ave
Que dança a dança suave
Por sobre as ondas do mar
E quando a noite se esgueira
Vem pousar muito faceira
Sempre no mesmo lugar?

Não será você uma águia
Forte, gigante, altaneira,
Que domina sobranceira
Os mais abruptos lugares
Sempre muito respeitada,
Nunca com medo de nada,
Dona da terra e dos ares?

Ou será um João-de-barro
Pássaro muito caseiro
Cujo trabalho primeiro
É fazer sua morada
De barro, bem construída,
E depois trazer comida
Para a família adorada?

Talvez, sei lá, você seja
Uma rasteira perdiz
Que pretende ser feliz
No meio do capinzal
Preferindo que sua vida
Seja simples, escondida,
Sem querer nada especial?

Quem sabe, se identifica
Com um canário romântico,
De lindo e vibrante cântico,
Vestido como beldade,
Vivendo na mordomia,
Mas sonhando todo dia
O sonho da liberdade?

Mas se você quiser ser
Um pouco de cada ave,
Tudo bem, não há entrave,
Não precisa lamentar.
Belas personalidades
São feitas de qualidades
Que a mente quer adotar.

O BARCO DA VIDA

No embalo das águas
Meu barco singrou
Qual meiga gaivota
Que o vento levou

No mar tão sereno
Bordado de encanto
Meu barco balança
Num doce acalanto.

De velas ao vento
De vento a favor
Meu barco dançando
Nas ondas do amor.

Então certo dia
Que o tempo marcou
Meu barco da vida
No porto ancorou.

Desceu o comando
Passou-me o timão
Mostrando-me o mar
Num gesto de mão.

Enchi o meu barco
Com sonhos sonhados
Desejos felizes
Futuros doirados.

De velas içadas
Saí para o mar
Levando esperanças
No meu navegar.

Alegres gaivotas
Brincando nas velas
Levando de volta
Meus sonhos com elas.

Em dias alegres
O mar a contento
Minh´alma era um barco
De velas ao vento.

Em noites de frio
Em dias de bruma
O barco singrando
No branco da espuma.

Em horas difíceis
Venci vagalhões
Guiado por Deus
Matando dragões.

Nem bem ele aporta,
Já está de partida
Feliz velejando
Nos mares da vida.

Em cada chegada
Recebo e bendigo
Amigos e amores
Que levo comigo.

Num dia distante
Quando Deus quiser
Deixarei o barco
Num porto qualquer.

****

Se você ficou
A pensar absorto
Direi do meu sonho
Além desse porto.

Sonhei ter chegado,
Com festas e abraços,
Num mundo bonito
Além dos espaços.

O mundo dos sonhos
Dos sonhos que eu fiz
Um mundo amoroso
Pra sempre feliz.

MEU CACHORRO

Cachorro, meu bom cachorro,
Disseram que tu és gente
Eu até fico contente
Mas penso que és muito mais.
No teu olhar de acalanto
Vejo tua alma de santo
O santo dos animais.

Sentado aqui do meu lado
Me protegendo e me ouvindo,
Às vezes até latindo,
És meu guardião de defesa,
Sempre esperto e sempre atento
Ao mais sutil movimento
Que ocorra na redondeza.

Meu cachorro, tu bem sabes,
Há gente que te maltrata,
Gente de alma ingrata
Que pensa que cão é lixo
Mas pra mim, meu cão querido,
Te confesso comovido,
Tu és muito mais que bicho!

Vou dizer-te com orgulho
Que és bicho que eu quero bem,
És gente pra mim também
E és anjo de proteção,
És amor sempre fiel,
Soldado do meu quartel,
Amigo de solidão.

Nas viagens, tão comportado,
Não chateias, não complicas,
Não reclamas nem criticas,
Não fumas nenhum cigarro,
Não fazes nunca bobagem
E nas paradas da viagem
Ficas lá cuidando o carro.

Meu cachorro, que beleza,
Nunca me pedes dinheiro,
És meu fiel companheiro,
Sempre atencioso e leal!
Não pedes roupa de grife,
Para ti um belo bife
É programa celestial.

Às vezes, se me acontece
De ficar bastante brabo,
Tu ficas girando o rabo
Para botar-me contente.
Até mesmo quando brigo
Jamais tu brigas comigo,
Meu cachorro inteligente!

De noite quando me deito
Elevo a Deus minhas preces
Por ti também, que mereces,
Meu cachorro sem igual,
Enquanto lá na soleira
Me cuidas a noite inteira
Como anjo de quintal.

Se um dia, que Deus me livre,
A morte botar-me o véu,
Fico na porta do céu,
De lá não saio nem corro
Até que Pedro decida
Que eu entre feliz da vida
Levando junto o cachorro!

CORAÇÃO INQUIETO

1   Coração, meu coração,
      Por que andas tão inquieto,
      No exílio do teu afeto
      Sem rumo, sem proteção,
      Sem descanso, sem sossego,
      Longe do teu aconchego,
      Perdido na escuridão?

2   Coração, meu coração,
      Que balanças à deriva
      Sem farol nem perspectiva
      Nas brumas da solidão,
      Por favor, não fiques triste,
      Que solução sempre existe
      Onde existe um coração.

3   Coração, meu coração,
    Por que tudo te magoa
    Como se cada pessoa
    Devera ser como és?
    Seja o mundo como for,
    Tu vencerás pelo amor
    Sem sofrer qualquer revés.

4   Coração, meu coração,
    Em segredo aqui me digas:
    Que fizeste das cantigas
    Que embalavam teu regaço
    Carregado de bondade
    Trazendo felicidade
    No ardor do teu abraço?

5   Coração, meu coração,
    Acende a luz do infinito
    E verás como é bonito
    O teu jardim todo em flor
    Exalando lindos sonhos
    De sentimentos risonhos
    Na tua essência de amor.

6   Coração, meu coração,
    A manhã está tão bela,
    Abre agora a tua janela
    Deixa a luz do sol entrar...
    Pelas réstias desta luz
    A vida te reconduz
    Ao amor que tens pra dar!

7   Coração, meu coração,
    És o céu do meu viver,
    És tudo que quero ser
    Nessa jornada sem fim!
    És sonho em noite encantada,
    Gorjeio de passarada,
    Anjo de luz para mim!

8   Coração, meu coração,
    Como é lindo teu compasso
    Batendo no teu espaço
    Como sino de uma ermida
    Ao findar de cada dia
    Tocando a ave-maria
    Para o despertar da vida.

9 Coração, meu coração,
   O fulgor que te inebria
   É explosão de alegria,
   É energia de Deus,
   É força que faz a vida
   Multiplicar em seguida
   A luz que jorra dos céus.

CARRANCA ZERO
(Versos bem-humorados)

1   Deixe pra lá sua bronca
    E essa carranca do além!
    O cascudo também ronca,
    Vai se ver não é ninguém.

2   Diz uma frase preclara
    Que cara feia é fome
    Por isso melhore a cara
    Ou então mude de nome

3   Com cara de lobo mau,
    E olho crispado de etê
    Ninguém chega nem a pau,
    Todos fogem de você!

4   Eu lhe afirmo, sim senhor,
    - É verdade, não tem galho -
    Que este seu mau humor
    Assusta até espantalho!

5   Então, deixe-me que o diga,
    Bronqueiro de carteirinha:
    Acabe com essa briga,
    Pois não é galo de rinha.

6   Brabeza não paga conta,
    Proclama a sabedoria.
    Sua saúde desponta
    No despontar da alegria.

7   Mande embora seu estresse
    E não leve a vida a sério
    Senão, sabe o que acontece?
    - Vai parar no cemitério!

8   Já se olhou você no espelho
    Vendo a cara refletida?!
    Pois bem, siga meu conselho:
    Melhore a cara em seguida!

9   Brinque, brinque, meu amigo,
    Jogue fora essa carranca
    Que parece até castigo
    Ou praga de mula manca

10 Brinque, brinque sem tardança
    Por todo tempo que resta
    Que a noite será criança
    E o dia será uma festa.

11 Tudo que importa na vida
    É sorrir, ter muito amor,
    Ser feliz em qualquer lida
    E brincar de bom humor.

12 Viva a vida em alto-astral
    - O mundo todo assim diz -
    Pois sendo alegre e cordial
    Você será mais feliz.

VOCÊ É DONO DO HOJE

Dizem lá os entendidos
Que você tornou-se agora
Tudo que fora outrora
Quando bebê inocente.
Que seus traumas e seus medos,
Seus hábitos e arremedos,
São fixações de inconsciente.

E dizem, citando Freud,
Que suas incongruências,
Seus conflitos e tendências,
Rancores e tudo mais
Que lhe aconteceu na vida
É coisa que foi colhida
Como herança dos seus pais.

Seus pais foram descuidados?
Hoje você é também.
A tudo dizem amém?
Também você vai dizer.
Eram muito negativos,
Magoados e vingativos?
Só lhe resta também ser!

Não é assim que funciona.
Se isso fosse verdade
Então, pobre humanidade
Sem auto-realização!
Coitado do ser humano,
Pedaço de desengano,
Aborto da Criação!

Ficar refém do passado
É um erro e não destino,
É um fatal desatino,
É viver na contramão.
O homem tem liberdade,
Tem o poder da vontade,
Tem sua própria missão.

O que faz a realidade
De cada criatura humana
É a força soberana
Do seu poder criador
Capaz de se renovar,
Construir, modificar,
Amar muito e ter amor.

Ponha os olhos em si mesmo,
Respeite os antepassados,
Não os torne tão culpados,
Seja bondoso juiz.
Faça seu próprio caminho,
Trate o mundo com carinho,
E seja sempre feliz.

NO MAR DA GALILÉIA

Ondas suaves do mar
No seu doce marulhar
Vão e vêm preguiçosas
Embalando a embarcação
De velas brancas airosas
Que avança serenamente
No seu calmo navegar
Alinhando a direção
Das casas da beira-mar.

Pedro, atento no timão,
Olha o mar com atenção
E conversa com André
Sobre os milagres da fé.
Na popa Jesus descansa
Observando o mar azul,

O casario mais ao sul,
A passarada voando
E o barco que vai singrando
Por entre rastros de espuma
Que se perdem na bruma
Do tranqüilo anoitecer.

- Mestre! – falou Tiago
Olhando as ondas do lago –
Estávamos neste barco
Certa noite tormentosa
De vagalhões violentos
E tu acalmaste os ventos
E serenaste este mar.
Gostaria de saber
Onde está esse poder.

Jesus sentou nos abrigos
Fixou o olhar nos amigos
Que se puseram de pé
E pôs-se a falar da fé,
Da fé que move montanha,
Que realiza a façanha
De curar qualquer doença,

Seja grave ou de nascença,
Que produz tantos milagres
Que salva o que está perdido
E atende a todo pedido.

Falou do mundo do Bem,
Das bem-aventuranças,
De viver como as crianças,
E falou de paz também.
Disse que a felicidade
É essencial à humanidade
E ainda disse que o amor
É uma Lei do Criador.

Todos ouviam calados
Atenciosos, fascinados
Com tanta revelação.
Quando Jesus se calou
Abençoou cada um.
Pedro então avisou
Que já estavam chegando
E o barco estava aportando
No cais de Cafarnaum.

HOJE EU SOU OUTRA PESSOA

De manhã, quando me acordo,
Eu me sinto bem-disposto,
Tenho um sorriso no rosto,
Enquanto o coração voa
No Infinito da prece
Que me anima e fortalece...
Hoje eu sou outra pessoa!

    Hoje eu saí da pior,
    Dei adeus para as tristezas,
    Aparei as asperezas,
    Deixei de viver à toa...
    Minha vida está mudada,
    Vejo luz na minha estrada...
    Hoje eu sou outra pessoa!

Ah, como eu sinto vontade
De gritar ao mundo inteiro
Que saí do nevoeiro,
Que me livrei da garoa
Que encharcava o coração
No barro da depressão!
Hoje eu sou outra pessoa!

Antes eu tinha vontade
De morrer, de me acabar,
De sumir, de me afogar
No fundo de uma lagoa...
Mas agora é diferente,
Vivo a vida plenamente...
Hoje eu sou outra pessoa!

Minha vida era um inferno,
Meu coração se vingava,
A mente não perdoava,
Mas hoje tudo perdoa...
Eu me sinto em comunhão
Com meu próprio coração...
Hoje eu sou outra pessoa!

Antes era dominado
Por pessoas negativas...
Eu sofria as invectivas
Como a abelha que ferroa...
Mas agora, felizmente,
Eu uso o Poder da Mente...
Hoje eu sou outra pessoa!

Como eu entrava na onda
Da conversa que oprimia,
Da chacota e da ironia
De quem a tudo caçoa!
Agora até acho graça
Da maré baixa que passa...
Hoje eu sou outra pessoa!

Me sentia abandonado
E via o mundo assim
Como imenso mar sem fim
E eu sozinho na canoa...
Mas, depois que usei a mente,
Meu barco se encheu de gente...
Hoje eu sou outra pessoa!

Quando os nervos se agitarem
Eu não entro em confusão,
Não brigo, não ergo a mão,
Nem aceito o que destoa...
Digo do fundo da alma:
Calma, calma, calma, calma!
Hoje eu sou outra pessoa!

    Sou feliz, muito feliz,
    Minha mente está mudada,
    Não tenho medo de nada,
    Deus me ama e me abençoa...
    Amanheço sorridente,
    Canto a vida alegremente...
    Hoje eu sou outra pessoa!

A FÉ QUE REMOVE MONTANHAS

Se queres ser um herói,
Herói que faz o sucesso,
Herói que busca o progresso,
Herói de belas façanhas,
Saibas do grande poder
Que te vai fazer vencer:
A FÉ REMOVE MONTANHAS

Quando te vires cercado
De intransponíveis barreiras,
De resistentes pedreiras
E de muralhas tamanhas
Que nem podes ver a luz,
Lembra o que disse Jesus:
A FÉ REMOVE MONTANHAS.

Se chegares às estrelas
Dos teus sonhos mais grandiosos,
Dos ideais miraculosos,
E te atacarem as sanhas
Dos que tramam tua pobreza,
Tu vencerás com certeza,
Porque a Fé move montanhas.

Se terrível depressão
Obscurecer o teu mundo,
Te lançar num poço fundo,
Te envolver com suas manhas,
Acredita na verdade
Desta lei da divindade:
A FÉ REMOVE MONTANHAS.

Sempre que olhas a vida
Com sonhos belos, doirados,
Projetos idealizados
E mil vitórias já ganhas,
Tudo há de acontecer
Se, de fato, podes crer
Que a Fé remove montanhas.

Quando tremenda desgraça
Desaba sobre tua casa
Te desmantela, te arrasa
E te devora as entranhas,
Levanta os olhos a Deus,
Verás escrito nos céus:
A FÉ REMOVE MONTANHAS.

Se estás cheio de impossíveis
Acreditando que a vida
É dominada e vencida
Por certas forças estranhas,
Tu precisas dar o salto
Da Lei que fala mais alto:
A FÉ REMOVE MONTANHAS.

Quando tentarem lançar,
Ao longo dos teus caminhos,
Pedras, ofensas, espinhos,
Toda sorte de artimanhas,
Não te perturbes, amigo,
Porque tens sempre contigo
A FÉ QUE MOVE MONTANHAS.

Se no topo do sucesso
Temeres os poderosos,
Os ardis dos invejosos
De malfadadas patranhas,
Mantém firme a tua mente,
Com coragem segue em frente,
Que a Fé remove montanhas.

A vida é doce canção,
É festiva sinfonia
De luz, de amor, de alegria,
Que sobrepuja as cizânias...
És feliz, grande, benquisto
Porque aprendeste do Cristo
QUE A FÉ REMOVE MONTANHAS.

EU SOU AMOR

Estrelas brilham no céu,
O sol se abraça comigo,
Matas me trazem abrigo,
Luzes me fazem caminho,
Aves escrevem canções,
Animais fazem serões,
A todos dou meu carinho!

Sou o amor de cada ser,
Sou nos olhos da criança,
Sou na gota de esperança,
Sou nas letras do escritor...
Sou nas águas das torrentes
Sou na força das sementes
Sou na pétala da flor.

Eu sou nos anjos de luz,
Sou no âmago de Deus,
Sou nas dimensões dos céus,
Sou na chama do calor,
Sou na essência do universo,
Na emoção de cada verso,
Eu sou tudo: sou AMOR!

Sou o riso despregado,
Sou encontros ao luar,
Sou a festa familiar,
As delícias do prazer!
Sou conquista, sou a glória,
Sou o tempo, sou a história,
Sou AMOR de bem-querer!

Sem amor eu não sou vida,
Inexisto, me desfaço,
Mera bolha ao léu do espaço,
Suspiro em forma de dor,
Ponto escuro andando a esmo,
Espantalho de mim mesmo,
Espinho que nega a flor...

Sim, eu sei que sou amor,
Sou o céu azul no espaço,
Sou o beijo e sou o abraço,
A delícia dos mortais...
Sou o embalo da amizade,
Sou também felicidade
E a ternura dos casais.

    Sou amor de amar feliz,
    Sou amor-chama-divina,
    Sol glorioso que ilumina
    Este mundo tão bendito.
    Pelo amor que me transcende
    Meu espírito se acende
    E deságua no Infinito!

Sou o amor-festa-da-vida,
Sou amor-felicidade,
Sou amor-simplicidade,
Sou amor de amor total.
Sou o amor que, acima disto,
No dizer de Jesus Cristo:
É banquete celestial.

PALAVRA DE CURA

Doenças, quantas doenças,
Afligem a humanidade!
No bojo da enfermidade,
Quanta dor, quanto tormento!
Ah, meu Deus, não acredito
Que o teu amor infinito
Tenha feito o sofrimento!

    Doença não vem do Alto,
    Não é azar ou castigo,
    Nem vingança de inimigo
    Ou qualquer bruxa escondida.
    A doença é simplesmente
    O mal gravado na mente
    Que repercute na vida.

Todo mal nasce na mente
Em forma de pensamento,
Emoção ou sentimento,
Que o corpo logo associa.
Corpo e mente, na verdade.
São uma só unidade
Que vibram em sintonia.

    Mas se a mente teve a força
    De criar este teu mal,
    Pode criar, afinal,
    Um órgão novo, perfeito,
    Completo, forte, acabado,
    Saudável, regenerado,
    Sem problema e sem defeito.

Embora o mal que te aflige
Cause-te graves tormentos
E resista aos tratamentos,
Não mergulhes na descrença
Porque no teu interior
Há um poder superior
Que cura qualquer doença.

O explosivo da Força
Que cura teu sofrimento
É teu próprio pensamento
Cheio de fé e de luz.
Não desanimes, nem temas,
Existem forças supremas,
Como nos disse Jesus.

Repousa agora tua mente
Nesta verdade divina:
A vida que te ilumina
Não pode conter doença.
Joga esta máscara fora
E mergulha desde agora
Na Infinita Presença.

Tua palavra de cura,
Livre de medo ou descrença,
Remove qualquer doença
E expressa aquilo que é,
Inunda o corpo de luz,
A perfeição se produz,
Faz o milagre da fé.

Toda energia do Universo,
O Deus que habita tua alma,
A luz que o íntimo acalma,
Mais o teu próprio poder,
Envolvem teu coração
Para ouvir a oração
Que agora tu vais fazer:

"Desfaço neste momento
como bolha de sabão
Todo mal e sua ação
E agora mesmo refaço
O corpo forte e perfeito
Tal como Deus o tem feito
No ser, no tempo e no espaço.

Olho a vida com confiança
Na certeza mais segura
De que a palavra de cura
Fez-se agora vitoriosa.
Esta é minha verdade
Escrita na eternidade
Da minha fé poderosa."

ESTOU NO REINO DOS CÉUS

Sou como o sol que ilumina
As luzes dos horizontes
Enfeitando todos montes
Nos seus doirados chapéus.
Estendo luz sobre o mundo,
Sinto em mim amor profundo...
Estou no reino dos céus!

Os mares tocam canções,
Os ventos cantam amor,
A brisa dança na flor,
As nuvens alçam os véus...
Eu canto e danço nos mares,
Vivo nas nuvens, nos ares,
ESTOU NO REINO DOS CÉUS.

Nas noites cheias de estrelas,
No alvorecer das manhãs,
Na maciez das maçãs,
Sinto a presença de Deus.
Ouço o trinado das aves,
Brinco nas relvas suaves,
ESTOU NO REINO DOS CÉUS!

Sou como o sol que ilumina
As luzes dos horizontes
Enfeitando todos montes
Nos seus doirados chapéus.
Estendo luz sobre o mundo,
Sinto em mim amor profundo,
ESTOU NO REINO DOS CÉUS!

Abraço cada pessoa,
Todo ser é meu irmão,
Vejo luz no coração
Até mesmo dos incréus.
Minha estrada está florida,
Eu amo tanto esta vida,
ESTOU NO REINO DOS CÉUS!

À noite sinto o fascínio
Das estrelas a brilhar
E começo a imaginar
Que são divinos troféus!
Oh que grandeza bendita,
Como esta vida é bonita,
ESTOU NO REINO DOS CÉUS!

Cada dia é novo dia,
O passado não me alcança,
Sinto a luz da esperança,
Até nas letras do adeus.
Não me importa quem contesta,
Minha mente é sempre festa,
ESTOU NO REINO DOS CÉUS!

MÃE

Milhões de estrelas nos céus,
Forças sidéreas imensas,
Nuvens grandiosas e densas,
Ondas no abismo profundo,
Rochas de força inaudita,
Sol de energia infinita,
Forças que acionam o mundo...

    Quando contemplo, abismado,
    A grandeza do universo,
    Sinto tão frágil meu verso,
    Como areia do oceano...
    O mundo é a mais linda escrita
    Que Deus do Céu sempre dita
    Para cada ser humano...

Mas o mundo nada cria,
Apenas tudo transforma
Seguindo a lei e a norma
Que Deus no mundo traçou.
O mundo segue sua rota
Pela energia que brota
Do motor que o acionou...

 Agora eu olho pra ti,
 Que tens um filho no seio,
 E pergunto de onde veio
 O filho do teu amor...
 Como uma estrela encantada,
 Veio surgindo do nada
 Por um Poder Criador!

Quando tu geras um filho,
Eu não sei se és tu que queres,
Por este Dom das mulheres,
Ou se é tua Divindade.
Se fosse por teu poder
Podias gerar um ser
Tendo cem anos de idade...

Mas, Isabel, conta a Bíblia,
Mesmo em idade avançada
Foi por Deus predestinada
A ter um filho – João.
Como foi que se formara
Um filho na estéril Sara,
Esposa de Abraão?

Mãe – quem és tu?! Quem és tu?!
Esse mistério descerra:
Ou és os céus nesta terra,
Ou és a terra nos céus...
Mãe – me respondas aqui
Se Deus é sócio de ti,
Ou és tu um outro deus!

Mãe – maravilha insondável –
O filho que te descende
A ti mesma ele transcende,
Pois ele é uno em seu eu...
Este ser que deste à luz
A ti jamais se reduz,
O que é teu nunca foi teu...

Mãe – se tu tens este nome –
Sejas tu quem quer que fores
Teu coração tem as cores
Que a luz da vida ilumina...
Deste a este mundo bonito
Pelo Poder Infinito
Um ser de estirpe divina!

Mãe – que sabes quem tu és –
Porque vives no sorriso
Do teu próprio paraíso,
Como é lindo teu viver!
Todo o mundo te bendiz
Porque tu mesma és feliz,
Na plenitude do ser...

Mãe – que acreditas na vida –
Mas que, a todo momento,
Dizes que o teu casamento
Está em má situação,
Saibas que o teu paraíso
Tem o tamanho preciso
Do teu próprio coração...

Mãe – que perdeste a esperança –
Que não esperas mais nada,
Que perambulas na estrada,
Tendo a sarjeta por cama,
Ergue teus olhos aos céus,
Tens a grandeza de Deus,
O mundo inteiro te ama!

Mãe – que te julgas marcada
Porque tu és mãe solteira...
Mas tu és mãe verdadeira,
Tens amor pleno e profundo.
A tua maternidade
Tem a mesma divindade
De toda mãe deste mundo!

Mãe que sofres a angústia
De seres mãe desquitada,
E a casa, outrora habitada,
Mergulhou na solidão,
Lembra que a felicidade
Não tem casa nem idade,
Está no teu coração.

Mãe que não tens nenhum filho
Para alegrar-se contigo,
Eu te beijo e te bendigo,
Acalmo teu desengano.
Dou-te por filho Jesus,
Mas o verás como Luz
Em cada rosto humano.

    Mãe, pobre mãe, frágil mãe,
    Mãe que agora me escutas,
    Mãe que na vida labutas
    Pelo pão de cada dia,
    Todos os males esquece,
    Um novo dia amanhece
    Trazendo-te paz e alegria.

Mãe, acredites em ti,
Teu coração é tão lindo
Teus lábios fiquem sorrindo,
Teu rosto brilhe de luz!
Olha esta vida de pé,
Tu vencerás pela fé,
Como ensinou-te Jesus.

FESTINVITA - A VIDA É UMA FESTA

Festinvita! Festinvita!
Reino que ao mundo irradia
O arco-íris da alegria
Nas cores do paraíso.
Borboleta saltitante
Que dança e brinca radiante
Entre as flores do sorriso...

Festinvita! Festinvita!
A vida é uma seresta,
O ser humano uma festa
De amor e felicidade!
Corações que se entrelaçam,
Mãos que se dão e se abraçam,
Este é o céu da humanidade!

Festinvita! Festinvita!
Dê adeus às ilusões,
Feche a boca dos canhões,
Rasgue a história deprimida...
Amanhece um novo dia,
Acorde, cante e sorria,
Viva a vida! Viva a vida!

Festinvita! Festinvita!
A vida é uma criança
Cheia de luz e esperança
Brincando nos corações!
No seu coreto enfeitado
A mente dança um valseado
E os lábios cantam canções...

Festinvita! Festinvita!
Amar, sonhar e sorrir,
Este é o mundo do porvir
Que já é realidade...
Cantar, brincar e dançar,
Você está no patamar
Da mais alta humanidade.

Festinvita! Festinvita!
É viver na plenitude
A eterna juventude
Do coração e da mente,
É sentir-se bem consigo,
Ter o mundo como amigo,
Viver sempre sorridente.

    Festinvita! Festinvita!
    Orvalho do amanhecer,
    Encanto do anoitecer,
    Aurora de um novo dia,
    Comunhão universal,
    Vida no mais alto-astral,
    Reino total da alegria.

Festinvita! Festinvita!
Venha banhar-se de sol,
Venha imergir no arrebol,
Venha correr pelas praias,
Venha sonhar nas estrelas,
Venha amar à luz de velas,
Venha sem medo de vaias...

Festinvita! Festinvita!
A vida é um canto ao luar,
É passarada no ar,
É nuvens brancas ao léu,
É abraçar cada flor,
É viver sonhos de amor,
É ser o reino do céu!

Festinvita! Festinvita!
Sim, a vida é uma festa
Que sempre se manifesta
Na dimensão mais bonita.
Não há mais alta cultura
Nem mais grandiosa ventura
Do que viver festinvita!

MEU RIO DE JANEIRO
(Agradecendo o recebimento dos títulos de Cidadão do Estado do Rio de Janeiro e Medalha Tiradentes)

No princípio dos princípios
Deus criou nosso universo
E quedou-se então imerso
Em profunda reflexão.
Na sua sabedoria
Pensava o que faltaria
À obra da Criação.

O mundo estava tão lindo!
Quanto amor! Quanta beleza!
O encanto da natureza,
O fascínio da floresta,
O sol brilhando no mar,
A passarada no ar,
A vida em tempo de festa!

Mas Deus ainda pensava
E deixou seu pensamento
Voar nas asas do vento,
Vagar pelo mundo ao léu
Até criar um ambiente
Que fosse precisamente
Um pedacinho do céu.

Então num rasgo genial
- Perdoe-me o resto da Terra,
Eu não quero fazer guerra,
Nem parecer lisonjeiro –
Mas Deus viu que era preciso
Fazer outro paraíso
E fez o Rio de Janeiro!

Derramou o azul do céu
No azul suave do mar,
Soltou pássaros no ar,
Pôs o verde na floresta
Deu às praias muito sol,
Pôs nos pés o futebol,
Os morros pintou de festa!

Para enfeixar a moldura
Não esqueceu as montanhas,
Petrificou as entranhas
Mas fez o verde aflorar.
Até tingiu de favelas
Suas encostas mais belas
Se espreguiçando no mar...

    Ao contemplar o seu quadro
    De tão bela perfeição
    Teve outra inspiração.
    Seu Poder de novo evoca
    Bradando logo em seguida:
    - Faça-se a festa da vida!
    E fez-se o povo carioca.

Fez o povo fluminense
Muito alegre e muito bamba,
Encheu o peito de samba
E deu-lhe a ginga sensual.
Por fim, Deus, bem-humorado,
Deu seu último recado:
- Nasça aqui o carnaval!

E nasceu o carnaval
Descendo os morros da vida
Brincando em cada avenida
No seu alegre sambar.
Divertindo a humanidade
O carnaval, na verdade,
É milagre popular!

Terra linda, gente alegre,
Paraíso abençoado,
Pão de Açúcar, Corcovado,
Sol moreno, céu de anil,
Bronzeadinhas mini-saias,
Guanabara, belas praias:
CARTÃO POSTAL DO BRASIL

Eu quero dizer, por fim,
Que sou filho do Rio Grande
Mas meu coração se expande
Até o Rio de Janeiro.
Finco aqui meu coração
Como novo cidadão
Deste Estado brasileiro.
        (26.09.1992)

ANO NOVO

1   É trinta e um de dezembro.
     O sol fechou a janela,
     A lua fez-se mais bela,
     A noite estendeu seu manto
     Todo bordado de estrelas,
     Como é bonito de vê-las
     No fulgor do seu encanto!

2   É trinta e um de dezembro,
     Ponto final de uma história
     Que deixará na memória
     O êxtase da lembrança
     De um ano se despedindo,
     Outro que chega sorrindo,
     Cheio de luz e esperança!

3   O tempo gira sua roda,
    É trinta e um de dezembro...
    Com saudade agora lembro
    Tantos sonhos que sonhei,
    Tantos gestos de carinho,
    Tantas festas no caminho,
    Tanta gente que eu amei!

4   É trinta e um de dezembro!
    Olho do alto da montanha
    As pedras que a vida apanha,
    As horas de solidão,
    Os momentos de inquietude,
    Os abalos de saúde,
    Sempre aprendendo a lição!

5   É trinta e um de dezembro!
    Que bonita caminhada
    Semeando pela estrada
    flores de amor e bondade,
    Perfumes de compaixão,
    Jardins de rosa em botão,
    Pontes de boa vontade!

6   É trinta e um de dezembro,
     É hora de despedida
     Porque o destino da vida
     É seguir o coração.
     Separe o joio do trigo,
     O que é bom leve consigo,
     O resto: fogo e perdão!

7   É trinta e um de dezembro,
     Morre uma noite encantada,
     Mas surge na madrugada
     A aurora de um novo dia,
     Como criança que nasce
     Com meigo halo na face,
     Halo de paz e harmonia!

8   Sim, abrace esta criança,
     Que esta criança é você,
     Linda como buquê,
     Frágil como semente,
     Mas que traz no coração
     A divina dimensão
     De um Deus em forma de gente!

9   Novo ano – nova vida,
    Nada de olhar para trás!
    A vida é você que a faz
    Neste ano que começa!
    Fronte erguida, peito aberto,
    Fé de que tudo dá certo
    Porque assim foi a promessa!

10 Sucesso em todos negócios,
    Trabalho de rendimento,
    Produção de cem por cento
    Todos querem de verdade,
    Mas isto terá razão
    Se houver no coração
    Amor e felicidade!

11 Que a história do novo ano
    Seja uma história de amor,
    Tenha o tempero do humor,
    Não lhe faltem bons amigos,
    Deus atenda seus desejos
    Dando-lhe dons benfazejos
    E lhe dê a mão nos perigos!

12 Que os céus fulgurem na mente,
    Que os mares beijem seus pés
    E que o vai-vem das marés
    Embale seu coração!
    No tempo que Deus lhe empresta,
    Faça da vida uma festa,
    A festa da comunhão.

13 Aconteça o que aconteça,
    Há um farol no nevoeiro,
    É Deus mostrando o roteiro
    Como milagre divino!
    Aconteça o que aconteça,
    Sua fé nunca esmoreça,
    Que a fé conduz ao destino!

14 Então, Feliz Ano Novo,
    Mente alegre e positiva
    Coração de chama viva,
    Certezas que a fé lhe dá!
    Ventos soprando a favor,
    Sonhos que sonham amor,
    Assim é e assim será!

VÁ PARA A CONTRAMÃO

1 Se você é um cientista
   Ou profundo pensador
   Quem sabe, um inventor,
   Ou criou instituição,
   Verá os acomodados
   Gritarem muito irritados:
   Você está na contramão!

2 Tem você idéias novas?
   Traz à luz outras verdades?
   Apresenta novidades?
   Surge com nova missão?
   Um mundo imenso de gente
   Bradará intransigente:
   Você está na contramão!

3   Evite água estagnada,
    Caia fora do rebanho,
    Não seja nunca tacanho,
    Não tema condenação,
    Saia do rastro do boi,
    Vá aonde ninguém foi,
    Seja herói da contramão.

4   Todos os grandes da História,
    Fundadores idealistas,
    Fizeram belas conquistas
    Enfrentando oposição.
    Deixe fluir sua cultura,
    Não aceite ditadura,
    Resista na contramão.

5   Há homens bem conhecidos,
    Hoje cobertos de glória,
    Que mudaram nossa história
    Agindo na contramão,
    Por exemplo, Jesus Cristo,
    Santo Tomás, São Francisco,
    Aristóteles, Platão.

6   Buda, Confúcio, Maomé,
    Paulo, pregoeiro da Fé,
    Colombo, Marconi, Lutero,
    São Bento, o monge austero,
    Júlio César, Freud, Hipócrates,
    Gutenberg, Beethoven, Sócrates,
    Tiradentes, Planck, Pasteur
    Moisés, Francisco Xavier,
    Galileu na Inquisição,
    Edison, Einstein, Graham Bell,
    James Clerk Maxwel,
    Venceram na contramão.

7   Impossível citar todos
    Não há papel suficiente
    Pois há tanta e tanta gente
    Que venceu na contramão,
    Que seguindo seu ideário,
    Provou ao mundo o contrário,
    Contrariando a situação.

8   Seja você diferente,
    Por favor, saia do rumo,
    Da mesmice de consumo,

Do tropel em procissão.
O mundo busca mais gente
Que queira bater de frente
Andando na contramão.

9 Não se venda por um cargo,
Seja verdadeiro crítico,
Seja um honesto político,
Não se dobre à corrupção.
Diz o povo na pesquisa
Que o mundo hoje precisa
De gente na contramão.

SEGUNDA PARTE

Poesias publicadas no livro
O Poder da Inspiração
(1982)
(Substituído definitivamente por este livro)

EU POSSO

Mesmo que o mundo caísse
E sobre nós explodisse
Destruindo o que era nosso,
EU POSSO!

Mesmo que eu me desabasse
E nada mais me restasse
Senão ver tudo em destroço,
EU POSSO!

Mesmo que abismos medonhos
Enterrem todos meus sonhos
No mais profundo fosso,
EU POSSO!

Mesmo que todas pessoas
Neguem minhas coisas boas,
Nem por isso eu me alvoroço,
EU POSSO!

Mesmo que a fome do mundo
Caia em mim neste segundo,
Inda assim hoje eu almoço,
EU POSSO!

Mesmo que a minha doença
Seja grave, de nascença,
Pelo Poder do Pai-nosso,
EU POSSO!

Mesmo que um grande fracasso
Queira barrar o meu passo,
Eu não paro e não acosso,
EU POSSO!

Mesmo que eu seja um vencido,
Muito cedo envelhecido,
Eu subo, eu sigo, eu remoço,
EU POSSO!

***

Eu posso renascer agora,
Eu posso refazer a aurora...

Eu posso iluminar o meu caminho,
Eu posso dar a mão ao meu vizinho.

Eu posso beijar o esfarrapado
Como beijo as flores deste prado.

Eu posso ter um mundo de riqueza,
Eu posso ver a Deus na natureza.

Eu posso encher de amor meu coração
E fazer desta vida uma canção.

Eu posso – e sei que eu preciso –
Fazer da vida um paraíso!

EU POSSO – é a oração bendita
Da minha Força Infinita!

Eu posso – é a FORÇA da energia
Que explode em mim e se irradia.

Eu posso – é o poder da Divindade
Que produz em mim a realidade.

Eu posso reconstruir a minha casa
Eu posso ter tudo o que me apraza...

Eu posso renovar minha saúde,
Pois na vida não há nada que não mude...

Eu posso perdoar meu inimigo
Porque vem a mim tudo que eu bendigo.

Eu posso fazer da vida uma festa
Por todo o tempo que me resta.

Eu posso! Eu posso! Eu posso!
Porque este mundo todo é nosso!

SER JOVEM

Quando você ouve o canto
Dos passarinhos no céu,
Do vento soprando ao léu,
Do mar nas tardes bravias,
Quando você vê as flores
Dançando a dança das cores
Nas praças e rodovias...

Quando você tem a fé
Dos grandes conquistadores,
Dos profetas e inventores
Que, enxergando mais além,
Marcam agora o futuro,
Pondo luzes no escuro
Para nortear os que vêm...

Quando sua meta é o sucesso
E até mesmo o fracasso
Você o vê como um passo
Na direção dessa meta...
Quando você amanhece
Crendo que o dia oferece
Sempre a resposta correta...

Quando você vê no espelho
Seu corpo firme, vibrante,
O rosto leve, radiante,
Brilho e beleza no olhar...
Quando você irradia
Alguma estranha energia
Que nem pode precisar...

Quando você tem a mente
Bem aberta, positiva,
Otimista, criativa,
Que busca sempre a Verdade...
Quando você tem consciência
Da sua grande inteligência
Que raia à genialidade...

Quando você acredita
Que há um poder Divino
Que constrói o seu destino
Conforme o seu pensamento...
Quando você acredita
Que esta Força Infinita
Faz o acontecimento...

Quando você pensa grande
E não tem medo de nada
Porque Deus é sua espada
De defesa e proteção...
Quando você se confia
Ao seu poderoso Guia
E segue a orientação...

Quando você acredita
Que esta vida tem graça
E cada dia que passa
Se torna ainda melhor...
Quando você, num sorriso,
Diz que existe o paraíso
Em você e ao seu redor...

Quando você admira
Os heróis de cada dia,
Quando vibra de alegria
Com os que fazem o Bem...
Quando aplaude os grandes gestos
Dos ricos e dos modestos
Pelo valor que eles têm...

Quando você tem certeza
Que, se fechando uma porta,
Seja qual for, não importa,
Outra começa a se abrir...
Quando você segue em frente,
Com toda fé no presente
E esperança no porvir...

Quando você é capaz
De sorrir para os mais velhos,
De escutar os seus conselhos
Com paciência e mansidão...
Quando sua fé se agiganta.
Quando você vibra e canta
Nas cordas do coração...

Quando você sabe e fala
Que não pediu pra nascer
Mas que nasceu pra viver
Num mundo cheio de paz!
Quando você não reclama
Porque acredita e proclama
Que a vida é você que a faz...

Quando as noites se iluminam
De poesia e de luar
E o coração quer cantar
No botão de cada flor...
Quando você tem vontade
De abraçar a humanidade
No forte abraço do amor...

Quando você canta a vida
E diz que a vida é uma festa
Uma grandiosa seresta,
Que o mundo aplaude de pé...
Quando você se enternece
No sentimento da prece,
Da prece cheia de fé...

Quando tudo isso acontece,
Então bendigo a sua sorte,
Você é grande, é forte,
Existe em você o brilho
Da eterna mocidade...
Seja qual for sua idade,
VOCÊ É UM JOVEM, MEU FILHO!

ALEGRIA ALEGRIA

Alegria, alegria,
Fada branca do meu riso,
És o sol de que preciso
Nas manhãs do meu viver...
Alegria, alegria,
Grande fonte de energia,
Luz que brilha no meu ser...

Alegria, alegria,
És o remédio bendito
Da farmácia do Infinito,
Que cura o mal na raiz!
Deixas o corpo saudável,
Tornas a mente agradável,
Fazes a alma feliz...

Elixir da longa vida,
Força vital de saúde,
Tens a eterna juventude
Nesta divina alquimia!
Moldas um corpo mais forte,
Pões elegância no porte,
Santo remédio: alegria!

    Sorriso – luz da alegria,
    Sol que rebrilha nas flores,
    Aonde quer que tu fores
    Leva esta linda centelha.
    Sejas tu também assim
    Como as flores do jardim
    Que dão seu mel para a abelha...

Tu tens o néctar dos deuses
Na meiga flor dos teus lábios,
Pois eles – dizem os sábios –
São teu coração exposto...
Teu sorriso de alegria
É o doce mel que inebria
A quem pousar no teu rosto...

Teu coração é um lago
Onde o amor dá o encanto,
Mas o sorriso, no entanto,
É o sol que traz a vida.
Amor – noite de luar...
Sorriso – sol a brilhar
Sobre a beleza escondida!

Meu sorriso é como o sol
Das manhãs de primavera.
Oh, meus Deus, como eu quisera
Ter o sol dentro de mim
Pra viver por entre as flores,
Perfumadas, multicores,
Como flor do meu jardim!

Alegria, alegria,
Tens o azul da cor do céu,
Tens a brancura do véu,
Tens o verde da floresta,
Tens a força da cascata,
Tens o fascínio da mata,
Tens um quê de dia de festa!

Teu sorriso é arco-íris
Que alegra os que te rodeiam
Pois os sorrisos semeiam
Amor e fraternidade.
O sorriso alegra a mente,
O sorriso é a semente
Que produz felicidade...

   Nesta vida tão bonita
   Onde quer que tu estejas
   Põe sorrisos nas bandejas
   E dá-os ao mundo inteiro...
   O mundo estará sorrindo
   Mas tu estarás mais lindo
   Pois tu sorriste primeiro.

NA HORA DA AVE-MARIA

Cai a tarde mansamente,
A natureza se acalma,
Sinto paz dentro da alma,
Sinto arroubos de alegria...
Muito ao longe bate o sino,
Anunciando, em ledo hino,
A hora da ave-maria...

    Desce o sol a pouco e pouco
    Nas quebradas do horizonte,
    Pondo luzes sobre o monte,
    Pondo encantos de poesia...
    Sinto a voz da natureza
    Como prece de beleza
    Na hora da ave-maria!

Como é lindo ouvir no bosque
O cantar da passarada,
Bendita orquestra sagrada
Trinando uma sinfonia,
Como se os anjos, nos céus,
De novo anunciassem Deus,
Na hora da ave-maria!

    Silêncio! Muito silêncio!
    Quero ouvir esta canção
    Que vem do meu coração
    Em tão terna melodia!
    São os pássaros do amor
    Que cantam ao Criador
    Na hora da ave-maria.

Voz divina do meu peito,
Coração, meu coração,
Tu me dás tanta emoção,
Tanta paz, tanta harmonia!
Coração, o teu pulsar
É meu sino a bimbalhar
Na hora da ave-maria.

Quanta meiguice e ternura,
Quanto enlevo, quanta luz,
Como se o próprio Jesus
Surgisse ao fim deste dia
Trazendo felicidade
Aos homens de boa vontade,
Na hora da ave-maria!

Voa, voa, linda garça
Do meu branco pensamento,
Voa além do firmamento
Onde o sol mais irradia!
Pousa agora, assim, ao léu,
Sobre o lago azul do céu,
Na hora da ave-maria!

Garça branca, linda garça,
Agora dá-me essas asas
Que eu vou voar sobre as casas
Pra anunciar, com alegria,
Que a vida é muito linda,
Mas é muito mais ainda
Na hora da ave-maria...

É neste instante divino
Que a alma se torna boa,
Que o coração mais perdoa,
Que o mundo se concilia...
Nas doces asas da prece
Deus Pai a ti sempre desce
Na hora da ave-maria...

    É nesta hora infinita
    Que o nosso imenso universo,
    Tão grandioso, tão disperso,
    Entra todo em sintonia...
    É a grande hora da graça,
    O mundo inteiro se abraça
    Na hora da ave-maria...

Doce momento da prece
Em que Maria e Jesus
Inundam com sua Luz
Onde só trevas havia,
Rompendo o grilhão das mentes,
Trazendo cura aos doentes
Na hora da ave-maria!

Garça branca da bondade,
Vem no vôo da oração
Pousar no meu coração
Hoje, amanhã, cada dia...
Porque eu quero estar presente
Quando Deus vem novamente
Na hora da ave-maria...

EU SOU MUITO POSITIVO

Levanto de manhã cedo,
Ponho a mente no Infinito,
Digo: Que dia bonito!
Eu sou muito positivo!

Me visto muito contente,
Sorrio pra mim no espelho,
Dou-me um vibrante conselho,
Eu sou muito positivo!

Vou tomar um cafezinho
Em transportes de alegria,
A todos dou meu bom-dia!
Eu sou muito positivo!

Saio então para a rua,
Cumprimento cada amigo,
A todos, todos, bendigo,
Eu sou muito positivo!

Se encontro quem me ofendeu
Sorrio benevolente
Pois é limpa a minha mente,
Eu sou muito positivo!

Se o meu amigo está triste,
Deixo-lhe a minha mensagem:
- Meu bom amigo, coragem!
Eu sou muito positivo!

Sou alegre no trabalho,
Sou confiante no meu braço,
Acredito no que faço,
Eu sou muito positivo!

Ponho fé, ponho entusiasmo
Em tudo o que eu começo,
Por isso eu sou sucesso,
Eu sou muito positivo!

Eu sou muito inteligente,
Nunca penso no fracasso,
Vou pra frente a cada passo,
Eu sou muito positivo!

Se surgir um mau-caráter
A me esquentar a cabeça,
Digo a mim mesmo: ESQUEÇA!
Eu sou muito positivo!

Quando dizem que sou feio,
Muito chato, sem valor,
Sorrio com bom humor,
Eu sou muito positivo!

Quando vejo um pessimista,
Negativo e tão descrente,
Penso que eu sou diferente,
Eu sou muito positivo!

Eu sei que eu sou o que sou
E não o que o outro invente,
Por isso sou complacente,
Eu sou muito positivo!

Eu vivo a vida feliz,
Confiante e despreocupado,
O mundo está do meu lado,
Eu sou muito positivo!

Do passado só me importa
Todo o bem que eu colhi,
O resto já esqueci,
Eu sou muito positivo!

O futuro é meu parceiro,
Somos um até o fim,
O futuro está em mim,
Eu sou muito positivo!

O que eu quero do futuro
O futuro também quer,
É só plantar e colher,
Eu sou muito positivo!

O presente é Deus em mim,
Pois o poder Infinito
Cria tudo o que acredito,
Eu sou muito positivo!

Minha vida eu a faço,
Porque Deus está comigo,
Traz a mim o que eu bendigo,
Eu sou muito positivo!

Eu vivo sempre feliz,
Meu mundo é todo bondade,
Eu não creio na maldade,
Eu sou muito positivo!

Eu e Deus – nós somos um,
Por isso não tenho escolta,
O mal bate em Deus e volta,
Eu sou muito positivo!

Eu sou muito positivo,
Por isso a felicidade
Me acompanha de verdade,
Eu sou muito positivo!

Eu sou muito positivo,
Isso é tudo o que eu preciso
Pra viver no paraíso,
Eu sou muito positivo!

Eu sou muito positivo,
Você também, meu amigo,
Repita sempre comigo:
EU SOU MUITO POSITIVO!

A TUA FÉ TE CUROU

Você, que anda alucinado pela vida,
Sem esperança, sem descanso, sem guarida,
Pare, coloque-se à beira dessa estrada,
Venha juntar-se a tanta gente esperançada...
Aí estão o cego, o surdo, o aleijado,
O paralítico, o leproso, o angustiado
E tantos outros sofredores e doentes,
Desesperados, deprimidos e dementes...
Todos esperam que Jesus passe de novo,
Reconduzido nos braços do seu povo...

Venha você também. Grite, clame, apele,
Jesus está passando, de verdade, é ele!
Mostre o seu câncer, grite com fé até o fim:
- Mestre Divino, tenha piedade de mim!

Oh, Jesus parou e lhe diz: - "Na verdade,
Se tu creres, será feita a tua vontade!"
- Eu creio, Senhor, mas não sei como há de ser!
- Tudo é possível a todo aquele que crer!
- Eu creio, Senhor, por tudo quanto eu sou!
- Então, vai em paz, a tua fé te curou!
Você agora pode retornar em paz.
Está curado. Não olhe mais para trás!

Você, que sofre de diabetes renitente,
Ouça Jesus dizer-lhe agora meigamente:
- Pelo poder daquele que me enviou,
Podes voltar em paz. A tua fé te curou!

Você, que sofre dos males do coração,
Chegue mais perto pra Jesus impor a mão...
Pronto! Curado! O coração está perfeito.
Volte pra casa, dando graças, satisfeito.

Você, que sofre dos tormentos do intestino,
Receba agora a cura do Mestre Divino:
- Se a mim tu vieste, por teres acreditado,
Vai em paz, porque eu te digo que estás curado!

Para você, que é cego, surdo, também mudo,
E se debate na escuridão de tudo,
Diz-lhe Jesus: - Se, em verdade, tu podes crer,
Eu te ordeno: Fala! Ouve! Torna a ver!

Chegue você, paralítico de nascença.
Também você, que é entrevado por doença!
Você também, que há tanto tempo é aleijado,
Venha de rodas, de muletas, carregado...
É pra você que o Mestre agora vai falar:
- A tua fé te curou, pode caminhar!

Venha você, que anda triste, deprimido,
Amargurado, atormentado, decaído.
Jesus agora impõe as mãos na sua cabeça:
- Vai em paz. Tua vida aqui é que começa!

Esta é a sua vez, maconheiro, drogado...
Chegue com fé, que você será libertado!
Escute o Mestre, que, amoroso, aqui lhe diz:
- Estás curado! Agora sim tu és feliz!

Você, que é nervosa demais, tão nervosa,
Que vive a vida numa triste nebulosa,
O Mestre diz-lhe agora: Se tu podes crer,
Estás curada, nunca mais hás de sofrer!

Oh, vocês que carregam a sua cruz,
Na esperança de um milagre de Jesus,
Chegou a hora do milagre pela fé,
Porque a todos diz Jesus de Nazaré:
- Ide em paz! A minha paz aqui vos dou!
Dai glória a Deus, porque a vossa fé vos curou!

VOCÊ

Eu olho as pedras do morro,
Eu olho os troncos e as flores,
Eu olho as luzes e as cores
Que Deus nos céus acendeu...
Eu olho as águas dos rios,
Eu olho as ruas e estradas,
Eu olho as casas pintadas
E pergunto: QUEM SOU EU?

Eu olho os bichos da terra,
Eu olho os peixes do mar,
Eu olho as aves no ar
E tudo o que a gente vê...
Eu olho as gentes que andam
Pelas ruas, nas calçadas,
Nas praças e nas sacadas,
E penso: QUEM É VOCÊ?

Quem é você neste mundo?
- Será uma estrela perdida,
Brilhando aqui nesta vida
Sem dar-se conta por quê?
Ou será um ser obscuro,
Menos do que o pó da estrada,
Nada...mil vezes nada...
Mas, enfim, QUEM É VOCÊ?

Você...Você...Quero ver
O que seus olhos dirão,
O que me diz sua mão,
O que me diz o seu ser,
O que me dizem as cartas,
O que me diz o cristal,
Pode sorrir, não faz mal,
Mas agora eu quero ver...

Você...Você...Já estou vendo,
Vejo tudo com clareza:
Você tem tanta beleza,
Como igual não há ninguém!
Vejo uma estrela em você,
Vejo uma luz que irradia
Tão misteriosa magia,
Como a estrela de Belém...

Seus olhos vivos, brilhantes,
São duas lindas estrelas
Que revelam coisas belas
Na astrologia do amor...
Você tem bom coração,
Você gosta das pessoas,
Acha que todas são boas
Pela bondade interior...

Seu coração, vejo claro,
Tem um toque de criança
Que canta, brinca e balança
Desde que o dia amanhece...
Seu coração é tão lindo,
Esquece todas as mágoas,
É como o sol sobre as águas,
Que limpa, brilha e aquece!

Eu vejo o seu coração
Como uma mina encantada,
Não deixe a porta fechada,
Pois ele é lindo demais!
Pela bola de cristal,
Vejo dentro tanto amor,
Como um jardim todo em flor,
Florindo cada vez mais!

Agora eu olho o seu corpo,
Vejo o seu corpo perfeito,
Pois foi assim, desse jeito,
Que o Criador o moldou!
Na harmonia do universo,
O seu corpo é diferente
Do corpo de toda gente
Que neste mundo habitou...

Você tem mãos benfazejas,
É tão bonito o seu rosto,
Você tem muito bom gosto
Nas roupas que você veste...
Seus gestos são agradáveis,
Suas palavras amáveis
Têm a doçura celeste!

Você ama a liberdade,
Tem justiça, tem consciência,
Tem o dom da inteligência,
Tem certeza do sucesso...
Você sabe perdoar,
Vive a vida no presente,
Caminha sempre pra frente
E acredita no progresso!

Você sabe dar amor,
Você gosta de servir,
Você gosta de sorrir,
Você tem bastante calma...
Você cultiva amizades,
Você ouve com respeito,
Você não tem preconceito
Pois tem grandeza de alma!

Você canta e vive alegre
E essa exultante alegria
Se transforma, se irradia,
Se agita e se manifesta...
Você bendiz este mundo,
Seu coração vibra e ama
E ao mundo inteiro proclama
QUE A VIDA É SEMPRE UMA FESTA!

TENS O DOMÍNIO DA TERRA

Tu, que não tens pra contar
Nenhum centavo contigo,
Tu que te julgas mendigo,
Desgraçado como um réu,
Pára, esta noite, um momento
Pra contar, no firmamento,
Todas estrelas do céu...

Tu, que caíste na estrada,
A maldizer tua sorte,
Pedindo a Deus pela morte
Porque não podes andar,
Olha a grandeza da Terra,
Todo espaço que ela encerra,
E começa a caminhar...

Tu, que vives pelas ruas,
Tu, que dizes não ter casa,
Que a vida é tábula rasa,
Que não tens onde morar...
Nem precisas de arquiteto:
Piso é a terra, céu é o teto,
Tens o mundo como lar!

Tu, que dizes passar fome,
Porque este mundo é ingrato
E nada põe no teu prato
Senão miséria e ganâncias,
Estende a mão pra apanhar
Tudo o que a Terra quer dar
Na maior das abundâncias...

Tu, que maldizes os outros,
Porque a eles tudo é dado,
Mas a ti, pobre coitado,
Nada sobra, nada vem...
Antes, porém, de queixar-te,
Usa tu a mesma arte
E hás de colher tu também...

Tu, que maldizes a Deus,
Porque a outros dá bastante
E a ti te fica o restante
Que mal dá para viver!
Mas a Deus não faças cobro,
Porque Deus dá sempre o dobro
Do que a gente quer colher!

Se tu vives na pobreza,
Se te falta o que tu queres,
Nunca mais te desesperes
Mas aprende a usar as Leis...
A abundância se produz
Por esta Lei de Jesus:
"Pedi e recebereis!"

Se queres tu a riqueza
Põe a mente na abundância
E não olhes a distância
Que te separa de alguém...
A mente cria a pobreza,
A mente cria a riqueza,
O que tu pensas te vem...

A riqueza do universo
É uma fonte inesgotável,
É como a água potável
Que todos podem beber...
Deus é a água desta Fonte,
Teu pensamento é a ponte
Que liga a este Poder!

Oh, tu, que habitas o globo,
És o rei da criação,
Deténs o Poder na mão
Com todo o bem que ele encerra...
Todos tesouros são teus,
Tu és um filho de Deus,
Tens o domínio da Terra!

AMOR

Hoje amanheci sorrindo
De alegria e de emoção
Porque o meu coração
Brincava ao nascer do sol,
Espelhava-se no orvalho,
Saltava de galho em galho
Pelas cordas do arrebol...

Meu coração era um pássaro
Voando pela cidade
No vôo da liberdade,
No gorjeio da alegria...
Meu coração, que beleza,
Era a própria natureza
Cantando o nascer do dia!

Meu coração todo em festa
Fazia a festa do amor
Abrindo-se como a flor
Se abre ao alvorecer...
Era um momento de encanto,
Eu gostei tanto, mas tanto,
Que jamais posso esquecer!

De repente, nessa festa,
Você surgiu como fada,
Como princesa encantada,
Nascendo de alguma flor...
Peguei você pela mão
E deixei que o coração
Fizesse a festa do AMOR!

Dança, dança, coração!
Que este dia me consagre
Como o mais lindo milagre
De amor, de luz, de esperanças!
Dança, dança, coração,
Pega nós dois pela mão,
Hoje nós somos crianças!

Você – ternura da vida!
Você – meu sol de alegria!
Você me dá a poesia
Do encanto crepuscular!
Você me traz as estrelas
Das noites puras e belas!
Você – meu lindo luar!

Amor – essência da vida!
Amor – presença infinita!
Amor – doçura bendita!
Amor – substância vital!
Amor – divina energia!
Amor – suprema harmonia
Na harmonia universal!

Amor, Amor, grande Amor,
Sol da vida que ilumina
Toda a beleza divina
Sem tristezas e sem véus!
Amor – explosão de luz,
Chave do Mestre Jesus
Que abre o reino dos céus!

ORAÇÃO DO PAI-NOSSO

PAI-NOSSO QUE ESTÁS NO CÉU...
Sim, estás no céu da mente
De todo ser existente
Que sabe no céu viver...
És meu Pai, meu Paraíso,
Dás-me tudo o que preciso
Se eu ligar-me em teu poder.

SANTIFICADO SEJA O TEU NOME...
Porque o teu nome sagrado
Está sempre bem gravado
Em todo Bem deste mundo.
Está no homem, na planta,
Na fera, na ave que canta,
No céu e no mar profundo!

VENHA A NÓS O TEU REINO...
O teu reino é a Verdade,
O céu, a felicidade,
A alegria de viver,
É a saúde perfeita,
O prazer de quem aceita
Que Tu estás em todo o ser.

SEJA FEITA A TUA VONTADE...
A tua santa vontade
É me dar felicidade
E me ligar só no Bem,
É me dar logo, em seguida,
As boas coisas da vida
Que eu desejo também!

ASSIM NA TERRA...
Deus está na matéria,
Que não contém a miséria
Porque Deus é perfeição.
Se o meu corpo está doente,
Ligo-me em Deus novamente
E fico de novo são!

COMO NO CÉU...
A mente é um céu eterno,
Ou, então, o próprio inferno,
Que no íntimo se traz.
Mas fazendo a tua vontade
Terei um céu de verdade,
De harmonia, amor e paz.

O PÃO NOSSO DE CADA DIA...
O pão é a própria abundância
Que eu, pedindo com instância,
Alcanço em qualquer lugar,
Hoje, amanhã, cada dia,
Porque o universo irradia
Tudo que eu mentalizar.

O pão nosso é a riqueza,
Saúde, emprego, salário,
Alimento, vestuário,
Terra que planto e que piso...
Pão nosso é paz, harmonia,
Amor e sabedoria,
E tudo de que preciso.

NOS DÁ HOJE...
Foi, na verdade, por isto,
Que me ensinou Jesus Cristo:
"Pede e tu receberás".
O que pedires ao Pai,
Se da tua mente não sai,
Tu sempre conseguirás.

PERDOA AS NOSSAS OFENSAS...
Sei que em Ti não há castigo,
Pois sou eu mesmo que ligo
O meu poder destruidor.
Quando entro em desarmonia
Eu produzo a avaria
Que me traz doença e dor.

ASSIM COMO NÓS PERDOAMOS A QUEM NOS TEM OFENDIDO...
Eu entendi o sentido
E sei que é assim que se faz.
Quem perdoa como deve,
Tem a mente limpa e leve,
Tem saúde e vive em paz.

NÃO NOS DEIXES CAIR EM TENTAÇÃO...

Na tentação negativa
De tudo aquilo que priva
A gente de ser feliz.
Só ligo meu pensamento
Em Deus, a todo momento,
E Deus sempre me bendiz.

MAS, LIVRA-NOS DO MAL...

O mal sou eu que o crio
Quando eu mesmo me desvio
Da Harmonia e do Bem.
Só quero, neste momento,
Entender que é o pensamento
Que cria tudo. Amém.

A VIDA É UMA FESTA
(Cantiga infantil)

Voa, voa, borboleta,
Beija as flores da floresta,
Vem dizer a toda gente
Que a vida é um beijo fremente,
Que a vida é uma linda festa!

Voa, voa, borboleta,
Pousa aqui na minha testa...
Vem dizer-me de mansinho,
Com amor e com carinho,
Que a vida é uma linda festa!

Voa, voa, borboleta,
Cantando alegre seresta!
Canta, canta ao mundo inteiro,

Mas a mim canta primeiro
Que a vida é uma linda festa!

Voa, voa, borboleta,
Que o teu vôo não molesta!
Teu voar é como a dança
Que deixa a gente criança,
Que faz da vida uma festa!

    Voa, voa, borboleta,
    Por todo o tempo que resta!
    O teu vôo é uma canção
    Cantando ao meu coração
    Que a vida é uma linda festa!

Borboleta, borboleta,
Agora as asas me empresta,
Que eu também quero voar,
Que eu também quero anunciar
QUE A VIDA É UMA LINDA FESTA!

ANIVERSÁRIO

Níver, níver, níver,
Hoje estou de aniversário!
Bate, bate campanário,
Bate, bate de alegria...
Bate, bate na canhada,
Não importa a madrugada,
Porque hoje é um grande dia!

    Bate, bate campanário,
    Alça o vôo da passarada...
    Vem, apressa a alvorada,
    Faze o dia amanhecer!
    Dança, dança campanário,
    Vai e vem e vem e vai,
    Beija a mãe e beija o pai,
    Na dança do teu bater!

Canta, canta campanário,
Põe o mundo todo em festa,
Na cidade, na floresta,
Nas montanhas e no mar...
Canta, canta campanário,
Dá "Feliz Aniversário!"
Canta, canta sem parar...

    Hoje eu acordei ouvindo
    Este misterioso sino,
    Com seu bimbalhar divino
    A tocar, tocar sem fim,
    Fazendo o meu coração
    Tocar a mesma canção
    Tão feliz, dentro de mim!

Canto a vida com ternura,
Vivo a vida com amor,
Sinto a vida como a flor
Sente abrir-se a primavera,
Primavera dos meus anos,
Dos meus andares ciganos,
Que a vida sempre me dera!

Ai, como é bom ser alguém
Neste mundo tão bonito!
Quanto mais e mais medito
Mais me sinto comovido...
Sou como a flor que, ao vento,
Perfuma cada momento
Do dia-a-dia vivido.

Viver...eu sinto que os anos
Vão me levando às alturas
Das mais ditosas venturas
Que, por tudo, me comovem...
Peço a Deus a maravilha
De caminhar pela trilha
Que me deixa sempre jovem!

Viver...que linda aventura!
Como é bom saber que a vida
É companheira querida,
Fada meiga, terna e boa!
Mesmo que a gente a maltrate
Ela perdoa a quem bate,
Se quem bate se perdoa...

Parabéns, mil parabéns
Quero me dar neste dia,
Me abraçar com alegria,
Me festejar hoje, enfim...
Porque, entre os que me aclamam,
Entre todos que me amam,
Sou quem mais gosta de mim...

    Mais um ano está iniciando
    Neste dia-aniversário
    Porque o meu calendário
    Termina e começa aqui.
    Seja qual for minha idade,
    Eu sinto a felicidade
    De dizer que renasci...

Hoje eu nasci novamente...
Bate, bate campanário,
Canta o meu aniversário
Nessa alvorada de luz...
Acorda os anjos de Deus
Que venham cantar nos céus
Como foi feito a Jesus...

MEU PAI

Ontem você era alguém,
Alguém de muito valor,
Ou seja lá como for,
Mas, para mim, era alguém,
Alguém seguindo na estrada
A sua própria caminhada
Sem dar a mão a ninguém.

    Depois, olhou para alguém
    E do olhar nasceu o amor
    Assim como nasce a flor
    No amanhecer orvalhado.
    Foi uma estranha magia
    Que os uniu, nesse dia,
    E os colocou lado a lado...

Hoje eu me olho no espelho
Me vejo, assim, existindo
E, enquanto vou me sentindo,
Com a alma enternecida
Eu penso, penso e repenso
E sempre mais me convenço
Que alguém me fez nesta vida...

    Sim, alguém me fez na vida!
    Alguém... e penso em você...
    E sem perguntar porque
    Você tanto me atrai,
    Ouço a voz do coração,
    Que me diz com emoção:
    - É porque eu sou seu pai!

Meu PAI – palavra divina
Que faz você diferente
Do comum de toda gente,
Diferente, sim senhor!
Para mim e para os meus
Você tem o dom de Deus
Pelo poder criador!

Os outros olham você
Como qualquer dos mortais
Que vive como os demais
Tudo o que a vida lhe ensina.
Eu, porém, meu velho amigo,
Beijo-lhe a face e bendigo
Sua grandeza divina.

    Para mim você é grande,
    Pouco importam seus defeitos,
    Seus erros e preconceitos
    E as falhas que você tem!
    Você me fez existir
    E isso, tenho que convir,
    É o mais supremo BEM!

Agora eu olho pra mim,
Me sinto um ser existente,
Eu sou alguém, eu sou gente,
Eu sou uma criatura,
Posso sorrir e amar,
Posso viver e cantar
Esta suprema ventura!

Agora, que eu sou um jovem,
Ou adulto, até maduro,
Estou convicto e seguro
Que de fato é mesmo assim...
Olho você com carinho,
Mas eu sigo o meu caminho,
Que a vida é feita por mim!

Meu pai, meu velho querido,
Não repare o meu abraço,
É sem jeito, até, que o faço,
Eu amo você demais!
E agora ergamos a taça
Com aquela mesma graça
Ao supremo Pai dos pais!

NATAL

Nasce uma estrela no céu...
Madrugada de Belém,
Anjos que vão e que vêm,
Anunciando o Salvador!
Glória a Deus nas alturas,
Paz a todas criaturas,
Nasceu a ERA DO AMOR!

    As luzes da manjedoura
    Rebrilham no mundo inteiro
    Como divino luzeiro
    De resplendente fulgor...
    Venham pastores dos pagos,
    Venham chegando reis magos,
    Nasceu a ERA DO AMOR!

Venha você, minha amiga,
Venha você, meu irmão,
Venha, me dê sua mão,
Venha, me dê seu calor...
Cantemos felizes, dançando,
O mundo está começando,
Nasceu a ERA DO AMOR!

Natal, nascer da esperança,
Natal de uma nova Idade,
De uma nova humanidade,
Natal de Nosso Senhor!
Brilha a certeza que eu tenho,
Surge o terceiro milênio,
Nasceu a ERA DO AMOR!

Nasce Jesus e renasce
Na gruta de cada ano,
Na gruta de cada humano,
Nos sonhos do sonhador...
Muita paz aqui na terra,
Nunca mais, nunca mais guerra,
Nasceu a ERA DO AMOR!

De mãos dadas, de mãos dadas,
Famílias, povos, nações,
Deixemos que os corações
Se abracem com todo ardor...
Está nascendo Jesus,
Irradiando nova luz
Sobre esta ERA DO AMOR!

Natal, natal, é natal!
Amor, sorrisos, canções,
Ternura nos corações,
Quanta beleza e esplendor!
Natal, divina esperança,
O mundo é uma criança,
Nasceu a ERA DO AMOR!

Natal, natal, é natal!
Venham pastores correndo,
Que eu também estou nascendo
Junto com Nosso Senhor!
Anjos de Deus venham vindo,
Novo mundo está surgindo,
Nasceu a ERA DO AMOR!

ENCONTRO DE NATAL

A noite vai muito alta,
A lua está despertando,
Meu Amor está sonhando...
Ai, eu amo tanto ela
Que a vislumbro na janela,
Toda ansiosa, me esperando...

    Vejo um clarão lá no céu,
    Vejo as luzes da cidade
    Como estrelas de verdade
    Pingando na madrugada...
    E eu penso na minha amada
    Me abraçando de saudade...

Vou chegando... Vou chegando...
Sinto as cores da alvorada
Desenhando na calçada
Seu rosto em forma de flor...
Meu coração, excitado,
Bate bem descompassado
No descompasso do amor...

    Logo adiante, num jardim,
    Vejo uma gota de orvalho
    Deslizando pelo galho
    E pousando numa flor
    Como meus lábios molhados
    Dando beijos orvalhados
    Nos lábios do meu Amor!

Passos lentos e cansados,
Pisando a calçada nua,
Vejo, ao longe, a nossa rua
E no alto da janela
Noto a silhueta dela
Desenhada pela lua...

De novo olho pra cima,
Fitando a mesma janela...
Ai, meu Deus, lá está ela
Pousando em mim seu olhar!
A brisa agita os cabelos,
Eu me encanto só de vê-los
Resplandecendo ao luar...

Finalmente subo a escada,
Tão exausto, mas que importa...
Ela estava já na porta,
Sim, chorando de emoção!
Foi um longo e terno abraço
Que me fez voar no espaço
Do meu próprio coração!

Apertei-a contra o peito,
Beijei seu rosto suave,
Tão meigo como uma ave
Cortando o azul dos céus...
Minha boca na sua boca,
Ai, Amor, que coisa louca,
Que loucura, santo Deus!

A sala estava tão linda,
Tão suave, à meia-luz...
Era a noite de Jesus,
Era a noite de Natal!
Vi no centro um pinheirinho
Enfeitado com carinho
Como eu nunca vira igual!

    A luz de quatro velinhas
    Bruxoleantes envolvia,
    Como mística magia,
    O som do "Noite Feliz"...
    Era um sonho-realidade
    Feito de felicidade
    Que o mundo todo bendiz!

Ela beijou-me nos lábios
E, com voz entrecortada,
Disse muito emocionada:
- Feliz Natal, meu Amor!
- Pra ti também, minha Vida,
Minha florzinha querida,
Meu jardim encantador!

Durante um tempo perdido
Ficamos abraçadinhos,
Em silêncio, bem juntinhos...
E eu, então, que coisa bela,
Assisti com emoção
O meu próprio coração
A conversar com o dela...

Foi o natal mais divino
Que passei com minha amada
Nesta noite da chegada,
Como a estrela de Belém.
Foi a noite da ternura
Da suavidade mais pura,
Do paraíso do Bem!

SONHO DE BARRANQUEIRO

1   Sentado nesta barranca,
Eu sonhei que era verdade
Que a minha identidade,
Com nome e endereço escrito,
Era ser um barranqueiro,
O resto puro exagero,
Nada mais para ser dito.

Barranqueiro é mais que um nome
É a alma do Rio Grande,
Identidade que expande
A essência de uma nação.
Ser barranca é ser feliz,
É meter todo país
Nas dobras do coração.

Barranca! Barranca! Barranca!
Barranca do coração!
Fronteira do rio da vida,
Identidade perdida
Nos sonhos que lá se vão...

Barranca! Barranca! Barranca!
Barranca do meu viver!
Não pergunte quem sou eu,
Sou o sonho que nasceu
Nas águas do bem-querer.

2   Quando a noite desce o manto
Sobre as águas do Uruguai
E a lua vagando vai
Deixando réstias de luar,
O barranqueiro sentado
Sonha seu sonho doirado
Nos sonhos do seu cantar.

Vozes que cantam e riem,
Versos de um mundo de paz,
Gaita, violão, tanto faz,
Esta é a alma barranqueira,

Aberta, livre, fraterna,
Carregando a chama eterna
Desta nação brasileira.

No lombo dessa barranca,
De frente para o futuro,
Tens o porte bem seguro
Que o tempo não te sacode.
Tu brincas de bem-viver
Mas a vida tem que ser
Pelo fio do teu bigode.

Barranqueiro do Uruguai,
Gaúcho de identidade,
Gaudério da liberdade,
És o país do teu verso,
Que nasce aí na barranca
E galopa sem retranca,
Até os confins do universo.

(Composta para uma canção, musicada e cantada pelo compositor e violoneiro Candinho, na 32ª "Barranca", acampamento da música gaúcha, às margens do Rio Uruguai, São Borja, Fazenda Albarusca, 2003)

TERCEIRA PARTE

Pílulas de Bem-viver em Versos

LER

Leia, leia, com vontade,
Que a leitura, minha gente,
É alimento da mente,
É poderosa semente
Que faz a vida crescer.
É na fonte da leitura
Que a alma bebe cultura
E o coração se aventura
Nos sonhos que sonhou ter.

AMANHECENDO FELIZ

As coisas simples da vida
São sempre despercebidas
Ou então são esquecidas,
Não sei se você concorda.
Por exemplo, o sábio diz
Que é importante ser feliz
Desde o momento em que acorda

VENÇA O MAU HUMOR

Será que você percebe
Que viver mal-humorado
É gigantesco pecado
Que o mundo só perdoaria
Com a bênção da clemência
Se cumprisse a penitência
De cem risadas por dia?

PENSAR POSITIVO

Uma verdade essencial,
Já por demais divulgada
Mas bem pouco praticada,
Digo agora e não me esquivo:
Se quer acertar na vida
Não existe outra saída
Senão pensar positivo.

AMOR

Amor é fonte que jorra
Água pura, cristalina,
De alguma rocha divina
Que existe no coração.
É água que faz a vida
Prazerosa e divertida,
É doce celebração.

É fonte que jamais seca,
Pouco importa a situação
De tristeza ou solidão,
Abandono ou o que for...
Mesmo na dor e na mágoa
O coração jorra a água
Que mata a sede de amor.

****

A vida sempre lhe dá motivo
Para você pensar positivo.

TRISTEZA

Há certos dias na vida
De tristeza e solidão
Quando bate a depressão
Que rouba a paz e a calma.
Tudo tem cor cinzenta
Prenúncios de uma tormenta
A se abater sobre a alma.

Não esqueça que as tormentas
Nunca escondem a verdade
De que após a tempestade
No céu desponta o arrebol
E a vida renasce então
Inundando o coração
De raios lindos de sol.

AJUDA-TE

Se pedes, sem trabalhar,
Deus te dirá, pela Lei:
"Meu filho, primeiro ajuda-te,
Que também te ajudarei".

CRÍTICAS

Ao invés de criticar,
Coisa que só magoa,
Procure nessa pessoa
O lado bom que ela tem.
Ela se alegrará,
Seu coração brilhará
E os anjos dirão amém.

ESPORTE

Esporte não tem idade,
É eterna juventude,
É importante virtude,
É suporte de saúde,
É mãe da vitalidade.
Pratique qualquer esporte
E você terá a sorte
De ser jovem, altivo e forte
Independente de idade.

ESVAZIE AS GAVETAS

Não segure o que não presta,
Esvazie suas gavetas
Das coisas já obsoletas,
Renove a parede suja,
Faça limpa nos armários,
Troque os móveis mais precários,
Senão a vida enferruja.

É preciso compreender
Que a mente fica travada
Quando não se muda nada
E o coração esvazia.
Na verdade até parece
Que a gente mesmo envelhece
No meio da velharia.

Doe essa roupa surrada,
Use seu melhor perfume,
Saia fora do costume,
Ponha taças de cristal,
Use os pratos importados,
Beba seus vinhos guardados
Para um momento especial.

DINHEIRO

Se ganhou muito dinheiro
Parabéns, pois afinal
Fazer um bom capital
Melhora sua situação.
Porém tudo que tiver
Coloque onde quiser
Menos no seu coração.

SIMPATIA

É tão bom dar um sorriso,
Dizer boa-tarde, bom-dia,
Irradiando simpatia.
Dizer um muito obrigado,
Nada custa, meu irmão,
Mas demonstra educação
E tem retorno dobrado.

AZAR

Não acredite em azar,
Em mau-olhado ou má-sorte
Porque Deus é seu suporte,
Mora em sua intimidade.
Você e o Deus que o habita
Têm a energia infinita
Que arrasa qualquer maldade.

RIR

Rir é o melhor remédio
Ensina a sabedoria
Então ria, ria, ria,
Ria à toa, ria a esmo,
Ria de tudo que é jeito
Sem nenhum preconceito,
Ria até de si mesmo.

TEIMOSIA

Você cria inimizade
Sendo teimoso esquentado.
Diga calmo sua verdade
Depois ouça o outro lado.

Se não houver unidade
Isso é saudável também
Pois é na diversidade
Que o progresso sempre vem.

SUCESSO

Se você quer ter sucesso
Precisa ser otimista
E acreditar na conquista
Do seu sonho acalentado!
Otimista é quem aceita
Que o futuro é a colheita
Do que hoje for plantado.

AMIGOS

Não se afaste dos amigos
Por qualquer mal-entendido,
Fofocas ao pé do ouvido
Precisam ser evitadas.
Todas boas amizades
São raras preciosidades
Que devem ser preservadas.

Aceite que seus amigos
Tenham lances de azedume
Pois não há ninguém imune
A mau humor e defeito.
O que vale na amizade
É o prazer da unidade
Já que ninguém é perfeito.

LEÃO DA RECEITA

A verdade sobre imposto
A vida sempre revela:
Não dá pra tirar duas peles
Apenas de uma gazela.

DERROTA

Se você sofreu derrota
E apesar do sofrimento
Recolheu ensinamento
Poderando sabiamente,
Registre na sua história
Que a derrota foi vitória
Que o levou bem mais à frente.

IDEAL

Se quiser vencer na vida
Alimente um ideal
Que tenha força total
De fé e motivação.
Tudo que tem entusiasmo
Jamais cairá no marasmo,
Tem a vitória na mão.

INSULTO

Se te jogarem insultos
Desculpa-te complacente
Depois sai tranqüilamente
Sem olhares para trás.
Como disse Jesus Cristo,
Quando alguém chegar a isto
Não sabe mais o que faz.

SORRIA

Abra logo essa carranca
Ensaie um belo sorriso
Mesmo que seja preciso
Treinar até não poder.
Dê sorrisos satisfeitos
Que os dentes não foram feitos
Apenas para morder.

****

Verdade que ninguém apaga:
"Aqui se faz, aqui se paga".

NÃO LEVE A VIDA A SÉRIO

Não seja como os ascetas
De rosto duro e tão sério
Carregados de mistério
De rezas e penitência.
Esses não vivem a vida
Na caminhada sofrida
Para acalmar a consciência.

Jesus, o Mestre, ensinou
Que a vida é uma criança
Que brinca, pula e balança
Na maior simplicidade.
Criança não tem rancor
É toda festa de amor,
Sorriso e felicidade.

OLHE PARA SI

Se você sempre critica
Tudo que vê por aí,
A Psicologia explica
Que está falando de si.

DISCUSSÕES

Meu amigo, minha amiga,
Siga o conselho dos sábios:
Na hora de qualquer briga
Ponha sorriso nos lábios.

Toda brava discussão
Traz violento prejuízo,
Nunca funciona a razão,
Sempre se perde o juízo.

Em contenda de rivais
Todos perdem, ninguém ganha,
Tudo é menos, nada é mais
E a saúde é quem apanha.

Quando o conflito se instala
A desgraça é duplicada:
A raiva que o outro exala
À sua raiva é somada.

Para manter a imagem
É melhor pensar um pouco:
Se briga não traz vantagem
Brigar é coisa de louco.

Quando a raiva toma conta
E a bebida a mente arrasa
Enfrentar qualquer afronta
É meter a mão na brasa.

Nunca vence o racional
No fragor de grande rolo,
Insistir contra o rival
É bancar um grande tolo!

Por mais que seja refém
De situação descortês
Não discuta com alguém
Que perdeu a sensatez.

Se quer levar sempre a palma
Nas brigas com seu vizinho
Sorria com toda calma
E se mande de mansinho.

Se quer manter seu prestígio
Em conflito com alguém
Antes de entrar no litígio
Conte de um até cem.

Se ainda restar destroços
De raiva e desarmonias
Reze catorze Pai-nossos
E dezoito ave-marias

Assim, acerta no alvo,
A alma descansa em paz,
O coração fica a salvo
E a ferida se desfaz.

Dizem alguns pensadores
Que ao invés de se conter
Tem que berrar sem pudores,
Berrar até não poder.

O uso deste expediente
Produz efeito perverso:
Deixa a pessoa doente
E rompe a paz do universo.

Se encontrar no seu caminho
Gente má ou esquisita
Veja sempre com carinho
O Deus que nelas habita.

Não há vitória que agregue
Numa briga enraivecida,
Nada melhor se consegue
Quando a amizade é perdida.

Nunca mais perca a cabeça
Em todo tempo que resta
Aconteça o que aconteça
Faça da vida uma festa!

DESCONFIANÇA

Se quer viver infeliz,
Tremendamente estressado,
Seja sempre desconfiado
E dê asas a suspeitas.
Esta falta de juízo
Causa bem mais prejuízo
De que maldades já feitas.

NÃO DESISTA

Se você quer desistir
Então você deve ouvir
Um conhecido ditado
Tão sábio quanto surrado:
"Água mole em pedra dura
Tanto bate até que fura".

CASAMENTO

O melhor do casamento
Está na fusão do amor.
Este é o único valor
Para a boa convivência.
Quando o amor não funciona
A vida a dois desmorona
No desastre da falência.

O amor no casamento
É feito de liberdade
E respeitosa igualdade,

É assim que vai durar.
Se perder um desses lastros
Cairão no mar os mastros
E o barco vai soçobrar

Não existe na família
Um que manda outro obedece!
Se isto assim acontece
Rompe-se o elo do anel.
Se um dos dois quer mandar
Ponha a farda militar
E vá mandar no quartel.

VIOLÊNCIA

Falam da guerra do Iraque
Homens-bomba, mortandades,
Mas e nas nossas cidades
Não é a mesma violência?
Olhe lá longe, está certo,
Mas olhe mais aqui perto
E ponha a mão na consciência.

A CHAVE DO SUCESSO

Se você quer ter sucesso,
Tenha um projeto sensato
Que o entusiasme de fato,
Saiba dele o que puder,
Vá em frente passo a passo,
Que, apesar de algum fracasso,
Vá chegar aonde quer!

DESEJO

O seu desejo consciente
Tem a bênção do Infinito
Por isso já está escrito
Que ele deve acontecer.
Faça você a sua parte
Com engenho, fé e arte
E agradeça, que vai ter.

****

Verdade que a vida norteia:
"Cada qual colhe o que semeia".

IDADE

A idade de uma pessoa
Não se conta pelos anos
Nem por seus desenganos
Ou outra modalidade.
Os cientistas anunciam
O que os sábios diziam:
Seus sonhos são sua idade.

CHUVA

Não xingue o tempo chuvoso
Dizendo que o deprime.
A chuva lava e redime
Os males da poluição.
A chuva acalenta a alma,
Traz sentimentos de calma
E ternura ao coração.

****

Tenha paciência nos grandes desafios:
"Pequenos riachos formam grandes rios".

EMPREGO

Se você quer ter sucesso
No emprego a si proposto
Haja sempre bem-disposto
Para o êxito da empresa.
Trabalhar de má vontade,
Só fazer pela metade,
É demissão com certeza.

SEM AMOR

Seu coração sofredor
Está triste, sem ninguém,
Mas como pode dar amor
Se amor ele não tem?

É verdade já sabida
Que se pode amar alguém
Na caminhada da vida
Quando amor a gente tem.

NEGÓCIO

Quando você vai tratar
Com alguém de algum negócio
Não faça como o beócio
Que fala assuntos quaisquer,
Fala de tempo, família,
Pai, mãe, filho, filha,
E nunca diz o que quer.

Seja direto e conciso
E seja honesto também,
Enrolar não pega bem,
É coisa de complicados,
De quem quer bancar o esperto:
Todo negócio dá certo
Quando é bom para os dois lados.

NOVA VIDA

Se quiser mudar de vida
Acenda seu coração.
Uma vela ilumina
Mil anos de escuridão.

JUSTO

Seja honesto e seja justo,
Este é o único caminho,
Tudo o mais é descaminho
Que vai dar no porto errado.
Já cansou de ouvir dizer
Que você não vai colher
O que não tiver plantado.

CIÚMES

O ciumento diz que ama
Mas ciúme é ferroada
Que deixa a alma inflamada
Sofrendo rasgos de dor.
Um ferrão a alma aplaca
Mas se o enxame inteiro ataca
Pode até matar o amor.

ERROS

Corrija as más ações
Mas não fique remoendo;
A vida é toda lições
Que a gente vai aprendendo.

FALAM MAL DE TI

Se falarem mal de ti,
Depois de toda surpresa
Põe a fala sobre a mesa
E começa a examinar.
Se é verdade o que foi dito
Não queiras criar conflito,
Não há razão de brigar.

Se, porém, o que foi dito
Isso nunca aconteceu
O problema não é teu,
Não há razão de brigar.
Há pessoas radicais
Que não se suportam mais
E querem descarregar.

DEUS AJUDA

Dizem que "Deus ajuda
A quem cedo madruga"
Mas agora Ele avisa
Que garante sucesso
Na trilha do progresso
A quem se especializa.

ORAÇÃO

Existem algumas preces
Que não foram ensinadas
Mas se forem praticadas
Têm a bênção de Jesus.
Sorrir é linda oração
Que faz bem ao coração
De quem recebe essa luz.

Elogiar é oração,
Agradecer é orar,
É prece saber brincar,
Contar alegres histórias.

Cada gesto de alegria,
Dar boa-tarde, dar bom-dia,
São belas jaculatórias.

Abraçar uma pessoa,
Conversar com um velhinho,
Dar a mão ao pobrezinho
Deus acolhe e não esquece.
Brincar com uma criança,
Divertir-se em cada dança
São outros tipos de prece.

Cada bem feito na vida
É uma forma de oração.
Evitar a poluição
É prece feita de amor.
Respeitar a natureza
É oração com certeza
Que agrada ao Criador.

Também é linda oração
Seu amor aos cachorrinhos,
Aos gatos e passarinhos,
Às flores e animais.
Quem ama suas criaturas
Deus cumula de venturas
E não esquece jamais.

FAVORES FEITOS

O favor que tu fizeste
Seja favor de verdade,
Uma alegre caridade,
Sem pedir retribuição.
Então não fiques magoado
Se quem foi beneficiado
Não demonstra gratidão.

FAVORES RECEBIDOS

Se favores tu recebes,
Pouco importa de quem for,
Agradece, por favor,
Essa é tua obrigação.
Quem deu não quer recompensa
Mas não ser grato é ofensa
E falta de educação.

TRABALHO

Trabalho é sempre sucesso
Se você segue a proposta
De trabalhar no que gosta
Com toda motivação.
Se fizer do seu trabalho
Apenas um quebra-galho
Nunca vai sair do chão.

Trabalhar contra a vontade
É por demais estressante,
Ninguém assim vai adiante
Nem terá seu próprio espaço.
Preguiça e desassossego
Fazem perder o emprego
E ficar marcando passo.

*****

Pare de lamentar e preste muita atenção:
"Errar é aprender; fracasso é boa lição".

CALMA

Diziam nossos avós
E eu confirmo também:
"Calma e caldo de galinha
Não fazem mal a ninguém".

DINHEIRO E FELICIDADE

Quer você ganhar dinheiro,
Ter riqueza material?
É justo, nada de mal,
Mas é coisa já sabida
Que colher prosperidade
Sem colher felicidade
Nunca deu certo na vida.

Ser rico e não ser feliz
É ter iate em deserto,
Ter palácio a céu aberto,
Ter balde e não ter cisterna.
É como comprar sapatos
De belíssimos formatos
E não ter nenhuma perna.

O DOM DA VIDA

Naquela mata tombada
O tronco velho cortado
Olha triste pro machado
Que matou sua vida inteira
E reconhece que o cabo
Que o agredira tão brabo
Era da sua madeira.

Meu filho, não seja ingrato,
Como o machado que cai,
Ferindo seu próprio pai
Que lhe deu o dom da vida.
Não seja ferro de gume
Mas flor que exala perfume,
Mesmo que esteja ferida!

*****

Medite profundamente antes de responder:
A vida é um livro aberto... mas você sabe ler?

LEI

Nada lhe vem por acaso,
Nem o bem nem a desdita.
O ser humano, se sabe,
É aquilo em que acredita.

PIADAS

Seja alegre e faça rir,
Conte uma história engraçada,
Desembuche uma piada
Mas que não seja ofensiva
Já que piada maldosa
Mesmo que seja gostosa
Queima mais que brasa viva.

*****

Nunca despreze esta profunda verdade:
"Quem semeia ventos, colhe tempestade".

VOCÊ CONSEGUE

Tenha fé no seu destino
Pois você vai conseguir
Chegar aonde quer ir
Se mantiver sua crença
No poder que Deus lhe deu,
Na meta que concebeu,
E na sua força imensa.

ACERTAR A VIDA

Às vezes tu te perguntas
Por que tudo é complicado,
Planta o certo, colhe errado
E passa por maus momentos...
A resposta é conhecida:
Tudo que acorre na vida
É fruto dos pensamentos.

TÉDIO

Quando você está chateado,
Mais amargo que sabão,
Com cara de paredão,
Não se agüentando de tédio,
Encontre um jeito de rir,
Pois haverá de convir
Que rir é o melhor remédio.

FIM

Na vida tudo começa,
Na vida tudo termina,
Todo sábio sempre ensina
Que a vida se faz assim.
Como não sou exceção,
Nem faço contradição,
Termino escrevendo: FIM.

ÍNDICE

De prosa só isso 7

Primeira Parte: *Poesias Inéditas*
    Faz sol no coração 11
    O cientista 14
    O canto do sabiá 17
    O milionário 19
    Faça sua vida dar certo 23
    Que ave é você? 26
    O barco da vida 29
    Meu cachorro 33
    Coração inquieto 37
    Carranca zero 41
    Você é dono do hoje 44
    No mar da Galiléia 47
    Hoje eu sou outra pessoa 50
    A fé que remove montanhas 54
    Eu sou amor 58
    Palavra de cura 61
    Estou no reino dos céus 65

Mãe 68
Festinvita – A vida é uma festa 74
Meu Rio de Janeiro 78
Ano novo 82
Vá para a contramão 87

Segunda Parte: *O Poder da Inspiração*
Eu posso 93
Ser jovem 97
Alegria, alegria 103
Na hora da Ave-maria 107
Eu sou muito positivo 112
A tua fé te curou 118
Você 122
Tens o domínio da terra 127
Amor 131
Oração do Pai-nosso 134
A vida é uma festa 139
Aniversário 141
Meu pai 145
Natal 149
Encontro de Natal 152
Sonho de barranqueiro 157

Terceira Parte: *Pílulas de bem-viver em versos*
Ler 163
Amanhecendo feliz 163
Vença o mau humor 164
Pensar positivo 164
Amor 165
Tristeza 166

Ajuda-te	166
Críticas	167
Esporte	167
Esvazie as gavetas	168
Dinheiro	169
Simpatia	169
Azar	170
Rir	170
Teimosia	171
Sucesso	171
Amigos	172
Leão da receita	172
Derrota	173
Ideal	173
Insulto	174
Sorria	174
Não leve a vida a sério	175
Olhe para si	175
Discussões	176
Desconfiança	179
Não desista	180
Casamento	180
Violência	181
A chave do sucesso	182
Desejo	182
Idade	183
Chuva	183
Emprego	184
Sem amor	184
Negócio	185
Nova vida	185

Justo 186
Ciúmes 186
Erros 187
Falam mal de ti 187
Deus ajuda 188
Oração 188
Favores feitos 190
Favores recebidos 190
Trabalho 191
Calma 192
Dinheiro e felicidade 192
O dom da vida 193
Lei 194
Piadas 194
Você consegue 195
Acertar a vida 195
Tédio 196
Fim 196